君が戦争を欲しないならば

高畑　勲

岩波ブックレット No. 942

このブックレットは，2015年6月29日に岡山市民会館で開催された，岡山市主催による岡山市戦没者追悼式・平和講演会での講演記録を大幅に加筆，収録したものです．

岡山市中心部の概念図

1945年6月29日未明，米軍により行われた空襲は，この地域全域，さらに南北と東南に広がる地域一帯を焼失させた

岡山城跡・岡山一中跡地＝空襲によって天守閣もろとも焼失
出石小跡地＝出石小は2002年に閉校
蓮昌寺＝室町時代建立の豪壮・広大な蓮昌寺は空襲によって焼失

語ってこなかった戦争体験

人生最大の出来事

まず、一九四五年六月二九日未明の岡山空襲で命を落とされた、公式には一七三七名いらっしゃいます方々のご冥福を、謹んでお祈りいたします。

私はいま七九歳、ずいぶん長いこと生きてきましたが、それでもこの岡山空襲は、いまなお私の人生で最大の出来事です。あのとき、九死に一生を得たのだ、と思っていますし、人にもそう言っております。にもかかわらず、私はいままで自分の空襲体験を誰にも、自分の子供にも、あまり詳しく語ったことはありませんでした。

それは、空襲だけではなく、あの戦争では広島・長崎はもちろん、沖縄でも引き揚げでも、一般の民間人や子供たちがじつに悲惨な経験をしました。日本が戦場にした国々の人々、そして日本の兵士たちも、まことにひどい目に遭いました。多くの人が亡くなりました。それに比べたら、私が経験したことなど、お話しするほどのことではない、という思いがずっとあったからです。この場にも、私などよりずっとつらい目に遭われた方がたくさんいらっしゃるはずです。その中で私の体験をお話しするのは、たいへん僭越なことだと思っております。

〝反戦映画〟になりえない『火垂るの墓』

もうひとつ、空襲体験を語ることに積極的でなかった理由があります。それは、「反戦」の思いをもってそういう体験を語るとしても、果たしてそれが将来の戦争を食い止める力になるのだろうか、という疑念があるからです。

いまから二七年前、私は『火垂るの墓』という映画をつくりました。この映画は、神戸の空襲で母親を失った兄妹が、その後のつらい生活の中で二人とも命を落としてしまう、いったいどうしてそんなことになったのか、そのいきさつを描いた作品です。スタッフはみんな若いスタッフで、わずかでも戦争を体験したことがあるのは私しかいませんでした。

『火垂るの墓』が完成すると、この映画は「反戦映画」というジャンルに入れられました。しかし私はそれに違和感を覚え、「これは反戦映画ではない」と主張しました。それでは、どういう映画のつもりだったのかということをここで説明するのは、長くなるのでいたしません。なぜ『火垂るの墓』が〝反戦映画〟ではないかということについて申し上げます。

戦争末期に日本は追い詰められ、戦中から戦後にかけてすでに挙げましたようなまことに悲惨な事態になりました。そういった悲惨な体験というものは、もちろんしっかりと語り継ぎ、記録し、伝承していくべきことです。『火垂るの墓』という映画も、戦争がもたらした惨禍と悲劇を描いています。しかし、そういった体験をいくら語ってみても、将来の戦争を防ぐためには大して役に立たないだろう、というのが私の考えです。

その理由は、端的に言いますと、戦争を始めたがる人も、こういう悲惨な状態になってもよいとは絶対に言いません。いやむしろ、必ず、「あんな悲惨なことにならないためにこそ、戦争をしなければならないのだ」とか、「軍備を増強しなければいけないのだ」と言います。

そういう点から考えると、どんな悲惨な経験があったかを話したとしても――いや、話さなくても、いまでも世界のあちこちで悲惨な戦争が続いていますから、それをテレビやなんかで見れば、戦争がどんなに悲惨な状況を生み出すか、はっきりと分かるはずですが、しかし、にもかかわらず、戦争は起きる、国は戦争を始めるんです。

アメリカなどは、何回も何回も戦争をしますよね。そしてそのたびに、戦場になった国の人々はもちろん、自分たちの国民も悲惨な目に遭わせているのに、しかも、どれひとつ成功していないのに、それでもやるんです。

本当に戦争を防止するものとは

日本は、自分が始めた戦争の末期に追い詰められてひどい目に遭ったわけですが、それはアメリカのせいでひどい目に遭ったのです。岡山の空襲も完全に、一般人に対する無差別攻撃です。しかし、そういったひどいことを対米戦争の結果アメリカから受けたのだという恨みとしては、日本人はあまり意識しなかったんですね。天災のように受けとめてしまう。

広島の慰霊碑でさえ、「あやまちは繰り返しませぬから」と、主語がひどくあいまいです。そしてそういう心理は、逆に、自分たちが他国に攻め込んだ結果もたらした災厄や、現地の人々の苦しみ、恨みに対する鈍感さをも生むのではないか。どうも私たちは、加害者としての日本をしっかりと意識することがなかなかできません。

二〇〇五年、韓国で、決定していた『火垂るの墓』の公開が急遽取りやめになる、という事件がありました。当時韓国では、島根県が「竹島の日」を定めたことで反日感情が激化して、この映画がネット上で一部の人々のやり玉に挙がり、そのことに配給会社が配慮したためでした。

なぜこの映画に韓国の人が反発したのでしょうか。それは「日本人を戦争の被害者として描写している」からなのです。たしかに、この映画の主人公、二人の子供は明らかに戦争の被害者、犠牲者であり、日本人です。

それが何か問題でも？　と思われるかもしれません。でも、私はすでに、香港の若者から、『火垂るの墓』には日本の加害者としての側面が描かれていない、として非難されたことがありましたので、驚きませんでした。それほど支配を受けたり侵略されたりしたことによる傷は深いのだ、と肝に銘じています。しかしまた、こんなこともありました。

長年日本を憎んできた韓国の老婦人が、この映画を見て涙を流し、日本の人たちも大変だったんだね、と大学生の孫に語った、とその大学生自身が私に話してくれたんです。

『火垂るの墓』という、日本では単純に「反戦もの」とされる映画に対して、海外では、これだけ複雑な反応がありうるのです。

もう一度言いますが、戦争末期の負け戦の果てに、自分たちが受けた悲惨な体験を語っても、これから突入していくかもしれない戦争を防止することにはならないだろう、と私は思います。やはり、もっと学ばなければならないのは、そうなる前のこと、どうして戦争を始めてしまったのか、であり、どうしたら始めないで済むのか、そしていったん始まってしまったあと、為政者は、国民は、いったいどう振る舞ったのか、なのではないでしょうか。

そんなことを考えているものですから、どうしても空襲体験を語ることには積極的になれなかったのです。

しかし、六月二九日、この日付は一度も忘れたことはありません、その日に岡山で、平和の思いを語らせていただくことになったとき、やはり、七〇年前の今日、自分が体験した空襲の話からまず始めるべきだろうと考えました。体験の理解や共有には土地勘が必要ですし、岡山をよくご存知の皆さんにこそ、岡山での空襲体験を聞いていただこうと。

岡山空襲の夜

私は当時九歳、その年の内に一〇歳になる国民学校四年生でした。国民学校というのは当時、小学校のことをそう言っていたのです。

あの夜、私は二階で寝ておりました。騒がしさにふと目が覚めると、窓の外、西南方向が赤くなっている。空襲警報は出てなかったようですが、すぐ空襲と分かり、跳ね起きました。すっかりあわてていたのでしょう、着替えもせず、パジャマ姿で階下に降りたけれど家族がいない。裸足のまま表に飛び出しました。

人がどんどん家の前の道を西から東に駆けて行く。私は末っ子で、すぐ上の六年生の姉は出てきたのに、ほかの五人の家族が出てこない。もう一度家に入ってみるべきだったのですが、目の前を走って逃げている人々を見ているうちにドキドキしてきて、そんなバカなはずはないのに、「家族に置いて行かれたんじゃないか」という不安に駆られ、人の流れに乗って駆け出してしまったのです、年子の姉と二人で。

私たちが住んでいたところは、現在「あくら通り」と名前がつけられている道の南側に面していて、向かいが昔の出石《いずし》小学校校庭の塀です。当時の住所は下石井、いまでは柳町一丁目。その西南方向、大供の向こうあたりが燃えていて、だから、みんな、うちから見ると東側の、まだ燃えていない街の中心部に向かってどんどん逃げているのです。

姉と私もその人の波に乗って走って行くと西川があり、その西川を渡り、その先の街中に入りました。すると人びとはバラけていって、はっきりした流れはなくなってしまいました。

私たちは何の目的もなく人の流れに沿って走ってきただけなものですから、どうしてよいか分からない。道端に深いどぶのような溝川があって、防空壕のつもりでしょう、そこに身を隠す人々がいて、私たちもそこに入ろうとしかけたのですが、子供の閉所恐怖症というんですか、かえって怖い気がして入らずにまた逃げたんです。ほかのところにも防空壕があったりしたけれど、入りませんでした。あとから分かったのですが、それが正解だったのです。

大きい防空壕や、防空壕の代わりと考えられていた、たとえば蓮昌寺《れんじょうじ》というお寺の地下とか天満屋《てんまや》（一八二九年創業のデパート）の地下とかで、ものすごくたくさんの人が亡くなっているんです。これは、焼夷弾《しょういだん》の空襲だったからです。防空壕は焼夷弾には何の役にも立たなくて、人々は酸欠で窒息死したり蒸し焼きになってしまった。

正しい情報を国民に伝えない政府

ここでお話ししておきますと、日本の国がいかにひどいかということです。これは当時のことですが、じつはいまでも同じです。東日本大震災の福島第一原発事故のときも、政府から正確な情報を知らされなかったことによって、福島県飯舘《いいたて》村などの人々の避難が遅れたりしたのはご存じの通りです。国民に知らせるべきことを知らせない。

戦争中、たとえばこういう焼夷弾空襲に対してどう対処すればよいか、もう十分わかっていたのにそれを教えなかった。だから、爆弾を避けるつもりで防空壕へ入って亡くなった人がたくさんいるのです。私たちが教わった、爆弾が降ってきたら目と鼻と耳を押さえて伏せろというのは、爆発や爆風による被害を避けるためであって、そういうことは焼夷弾には何の役にも立ちません。

焼夷弾は町を焼き尽くすために開発されたものです。断面が六角形の鉄の筒で、長さが五〇センチくらいでしょうか、中に油脂が詰まっていて、B29という爆撃機から投下されると、親爆弾が開いてその鉄の筒、要するに焼夷弾がバラけながら大量に落ちてきます。そして着地したとたんに発火、油脂に火が着いて噴出し、あたりに飛び散るんです。

筒は縦に落ちてくるので、屋根や地面に突き刺さったりすることもありますが、基本は飛び跳ねて転がり、あとは油脂が燃えるだけ。ですから、空からの直撃を避けるためにまず物陰に隠れるべきです。そして焼夷弾が落ち切ったら、あとはとにかく燃えあがる火を避けながらできるだけ逃げた方がいいんです。

ところが、焼夷弾攻撃に対して出されていた唯一の命令は、逃げずに消火しろ、なのです。ですから、消火活動をした人々がたくさん亡くなりました。

岡山よりもっと小さな町だった富山では、岡山での空襲より一〇〇〇人も多い死者が出ています。それは、富山の人は非常に律儀な気質で有名ですが、消火活動に精を出せと言われて、そのとおり精を出してしまった。そうして逃げ遅れて、焼け死んだ人が大勢いた。そこまで律儀でなかった岡山の人はたくさん逃げて、比較すると、富山の死者や負傷者がずっと多くなってしまったわけです。

つまり、焼夷弾攻撃というのは、とても消し切れないほどの火種を空からばらまいて、木と紙でできた日本の都市を焼き尽くそうということですから、対抗のしようがなかった。だから、逃げるのが当然だったのに、国は逃げさせたくなかったのです。まあ、できる限り家屋や資材を守るには、空襲に雄々しく立ち向かわせ、消火活動をぎりぎりまで頑張らせるしかないと考えたんでしょうね。

それで、どの家も、焼夷弾による火災に備えて、火たたきとか防火用水——コンクリートで作られた四角い水槽に水を張ったもの——を戸口の前に置き、砂袋なども用意していました。どれも火を消すためのものです。

しかし、大量に落ちてくる焼夷弾をどうやって消せばいいのでしょう。当時、燃える油を消すには水ではダメと信じられていましたから、おそらく、この焼夷弾を火たたきでたたいて消せとか、砂をかけて消せということだったのだと思います。

みなさんご存知でしょうか、以前はどこの家でも石油ストーブを使っていました。その石油ストーブが倒れて引火したときにどうするかというと、消防庁は、ストーブに毛布を掛けて消せ、水は危険だ、と言っていたのです。でも、『暮しの手帖』という雑誌が、バケツ一杯の水をバァーとかけてみたら消えた、だからそうするべきだ、ということを実験で確かめて載せました。

要するに、急激に冷やせば火は消えるんです。じつはそれを私は空襲で目の当たりにしたのですが、お役所というのはそんなことも確かめず、公式に認めないまま戦後を迎えるんですね。

火の雨となって降ってくる焼夷弾

空襲に話を戻します。

商店街を逃げまどっていると、トタンを引きずるようなシャーッという恐ろしい音がする。見上げると火の雨が点々と降ってくる。ちょっと見ていれば、それが自分たちの方へ落ちてくるかどうかが分かるんです。来ると分かると軒下に隠れる。とたんにものすごい音とともに焼夷弾がバラバラバラと落ちてきます。

道路に落ちて、油脂の火を噴いて跳ねて転がる。屋根に落ちた焼夷弾も、ドンッガラガラガラバンッと軒をつたって路上に転がり落ちてきて、一瞬にして地面におびただしい数の焼夷弾が燃え上がるんです。

夜の空襲で焼夷弾が火の雨に見えたことは、落ちてくる方向が分かるという点で、結果的に大変ありがたかったわけです。でも、ものに当たってから火を噴くはずなのに、空から降ってくる焼夷弾にすでに火がついて降ってくるのはおかしいですよね。

『火垂るの墓』をつくったとき、演出助手にその理由を自衛隊に聞きに行ってもらいました。そうしましたら、爆弾の専門家は、構造からみて、空中で着火するはずはない、と断言した。でも、私はそれを明らかに見たんです。写真にも残っているし、たくさんの人が目撃しています。

これはいまでは、焼夷弾についているリボンのようなものに火がついて降ってきたのだと言われています。リボンは、焼夷弾がまっすぐ縦方向で下に落ちていくための尻尾みたいなものらしいのですが、それがどういうメカニズムか分からないけれど発火してしまう。私たちが見たのはその火だったようです。

焼夷弾の火が消えた！

焼夷弾については意外にきちんと仕組みが知られていないらしくて、テレビドラマや映画などで空襲が描かれるとたいてい間違えています。バアッと火を噴いて落ちてきたり、着地して派手に爆発して火花を発したり、上を見ないまま人が逃げまどっているところへ落ちてきたり。

これではみんな直撃を受けてしまうはずなのですが、なぜか、そのドラマの町では焼夷弾はある程度人や道を避けて落ちて来るらしい。あるいは焼夷弾が垂直にズボッと深く突き刺さって火が真上に噴出する。よほどやわらかい地面なのでしょう。

焼夷弾が突き刺さったという話を聞きかじると、みんな突き刺さらせてしまったり、迫力を出すために爆発させよう、ということになったりするらしいんです。『火垂るの墓』では降ってくる火の雨を強調しすぎたかもしれませんが、それ以外は正しく描いたつもりです。焼夷弾それ自体は、落ちてしまえば実際には意外と静かなものなんです。コロコロと転がって燃えているだけ。

軒下に避難し、屋根からの焼夷弾が落ち切るまで待っていると、その店の主《あるじ》がバケツに防火用水の水を汲《く》んで、燃えている焼夷弾にバサァーンとかけた。するとその火が見事に消えたんですよ。驚きました。さきほど『暮しの手帖』の話をしましたが、そのとおり、水をかけたら急激に冷えて火が消えたんです。

店主は次々に水をかけるけれど、焼夷弾はいっぱい転がっていて、水が命中するとはかぎらない。全部は消せないし、家が燃え始めますから、結局あとは火の海になってしまって、その商店主の方が無事逃げおおせたかどうかは分かりません。

爆発で負傷した姉

私たちは防火用水の水をかぶって軒下から道路に飛び出し、燃え上がる焼夷弾の炎の間を縫い、火を飛び越え、走りました。怖いけれど、とにかく火が燃えているところから脱出しようとやみくもに走る。ところがその行った方にザーッと音をたてて焼夷弾が降ってくる。避難する。水をバァーとかぶってまた走り出す。走っているうちに、家々が燃えているところに行き当たってしまう。

もうとにかく無我夢中で、いったいどこをどう走ったか覚えていません。道をジグザグに行ったと思います。

そうこうするうちに大雲寺《だいうんじ》の交差点に出ました。そのとき、爆弾が破裂したんです。焼夷弾空襲といっても焼夷弾ばかりではなくて、中には爆弾も落ちてくる。「焼夷爆弾」といってましたが、エレクトロン弾という爆弾で、落ちて爆発すると光を発してしつこく燃え続けるんです。それがピカッと青い閃光を放って炸裂した。そして一緒に走っていた姉がバタンと倒れました。姉は失神したんです。私は恐怖で駆け寄り、姉の名を呼んで揺り起こしました。

木の葉状の大きな破片が姉のお尻に深く刺さっていて、戦後になってからだと思いますけれど、倉敷の病院で剔出《てきしゅつ》手術をして破片を取り出しました。私が助け起こさなかったら死んでいたかもしれない。だから、姉は私を命の恩人と呼んでいます。

とにかく姉を助けてまた立ち上がって、逃げる。でも、どこに行ったらいいのか分からない。見渡しても周り全部が燃えているんですから。大雲寺の交差点から旭川までの大通りのどこかだったはずですが、道端に燃えていない店先が一箇所あって、そこに人々がかたまっていました。私たちはそこへ駆け込みました。

周りは燃えていて熱風が来る。水をかぶっても熱でどんどん乾いてくるんです。でもみんなどうしたらいいか分からないので茫然と佇《たたず》んでいました。そうしたら突然、あるおじさんがダァーと走り出したんです。こちらは何も分かんないんだけれど、とにかく藁《わら》にもすがる気持ちですから、そのおじさんについて一緒にダァーと走った。それで、旭川の河原まで出ることができたんです。当時はまだ新京橋がなくて、大通りは川でぷつんと切れていました。

明け方の黒い雨

河原に出て、そうこうしているうちに明け方になって、雨が降り始めました。その雨というのがいわゆる黒い雨です。原爆に限らず、空襲のあとは上昇気流が起こって、それで雨が降るんですけれど、煤《すす》やなんかをいっぱい含んでいるものですから、黒い汚れた雨になるんです。雨に当たっていっぺんに気温が下がってきました。

私はパジャマ一枚だったので、濡れてすごく寒くなってきて、震えが止まらなくなりました。当時あのあたりは、京橋のたもとまで港でした。小豆島や豊島《てしま》など、瀬戸内海への定期航路もありました。それで港の船着き場に、――古い人でないともう知らないと思いますが、藁を編んで袋状にしたカマスというものが積んであったので、それをかぶって寒さをしのぎながら、私も姉もまさに乞食といった風体で、自分たちがよく知っている京橋の方に向かって歩いていきました。

京橋のたもとで印象に残っている風景があります。そのころは電柱は全部木製でしたが、その電柱の高いところにトランス(変圧器)が載っています。もう朝になって周りも鎮火し始めていたんですが、そのトランスが油を使っているものですから、上の方でずーっとしずかに燃えているんです。奇妙に非現実的な光景で忘れられません。

死体に覆われた焼け跡を歩く

京橋で、姉の知り合いに出会いました。本当にこれは運がよかったんですけれど、その知り合いの一家が、人に貸している東山の家は焼けずに済んだろうから、そこに身を寄せるというので、一緒に連れていってもらいました。その東山のお宅に着いてからのことを全然覚えていないんですが、おそらく寝たんだろうと思います。

それで起きてみたら、その家の僕より少し大きかった子供が、焼け跡を見に行こうと言い出した。私は、なぜだか分からないんですが、そのときに行きたくなかったんです。行きたくないのもおかしいんですが……。

先にお話ししましたけれど、姉と二人きりで逃げ出したんで、空襲の夜にほかの家族と会っていないんです。あとの家族というのは五人、父母と姉と兄二人です。その五人の家族と別れ別れになっているままなのに、彼らに会いたいという気持ちがあったのかなかったのか、いまでは思い出せません。

とにかく焼け跡に行ってみれば家族に会える可能性だってあるかもしれないのに、行きたくなかった。それほど怖かったのかもしれません。だけど結局行くことになりました。姉は怪我もあって、寝ていて行きませんでした。

それで、東山から歩いて京橋を渡り、焼け跡の中をずっと通りながら西川まで行きました。その途中はもう、死体だらけなんです。本当にたくさんの死体を見ました。中にはトタンをかぶせてあるものもありましたが、黒焦げになっているより、まだ人の形のままの死体のほうが目に付きました。

死んでいるんですけれど、まるで生きているような……蒸し焼きなんです。脂がにじんでこんがりと焼けているんです。陶器のような感じがしました。そういう死体を見て、もう、本当に震えが止まらないんですよ。

こうして焼け跡のたくさんの死体を見ながら、自分の家のところまで戻りました。家の玄関前には、幅一・五メートルほどの溝川があって、石の橋が渡してあったのですが、その溝川の水に半分浸かった死体がいっぱいあった。私たちが逃げたあとに、そこにたどり着いた人たちだと思います。炎で熱いから溝川に入ったのだと思いますが、そこで蒸し焼きになって死んでしまった。そういった人たちが自分の家の前にいっぱいいるんです。そんなですから、自分の家の焼け跡もよく見ないまま通り過ぎてしまいました。

そのあと大供からの道を駅へ向かって歩いていくと、すごい臭いがしました。まだ死体はそんなに臭ってはいないと思います。大豆とか大量に貯蔵されていた食料がくすぶって、まだ燃え続けていたんです。その臭いも含めて怖くて、もう本当に歯の根も合わない、文字どおりガタガタと震えて震えて、震えが止まらないんです。それでまたどうやって東山までたどり着いたのか、まったく覚えていません。

別れ別れになっていた家族

親をはじめ家族と再会したのは、その日でもなく、その次の日になってやっと会えたんです。もちろん、今みたいに携帯電話があるわけではないし、電話だって通じていないし、どこにいるか全然分かりませんから。

この間、家族が一体どうしていたのかをお話しします。

私の父親は、当時岡山一中の校長をしておりました。岡山一中はいまでいうと朝日高校と考えていただいてよいと思います。その学校は烏城《うじょう》（岡山城）の城跡、まさに石垣の上にありました。

そこへ父は、校長ですから真っ先に駆けつけるわけです。家族なんか置いておくしかありません。とにかく空襲だと分かった瞬間に、学校の消火に駆けつけなければならない。それに、消火活動のほかにもうひとつ、校長には大きな仕事があったんです。

古い方はご存知ですけど、御真影《ごしんえい》というものがありました。御真影は天皇の肖像写真に過ぎません。天皇と皇后二枚です。奉安殿《ほうあんでん》というところに日頃は安置されていて、学校行事があると講堂などに持ち出されて飾られるんです。

私の行っていた国民学校は岡山師範学校の附属でしたから、講堂の舞台奥には大きくて立派な白木の神社の扉のようなものがこしらえられていて、その扉を恭《うやうや》しく校長先生がギイイギギギと左右に開けると——そういう音がするんです——、麗々しく飾られた二枚の写真が見えてきます。それに向かって全員恭しく最敬礼をする。

天皇はアラヒトガミ、現人神と書きます——神様であって人間、人間であって神様なわけです。御真影はその現人神と同じものとみなされたので、もし空襲とかがあった場合には、校長はそれを奉安殿から安全なところにお移ししなければいけないのです。それをもし焼いてしまったとしたら、それは当時の校長にとっては最大の不名誉、恥辱であります。

私の父親がその名誉を守るために学校へ行ったとはもちろん思っていないですけれども、とにかくそういった事情があって、父親は家族をほうって学校へ駆けつけたわけです。

それで、残された家族のうち、私とすぐ上の姉の二人は表へ飛び出してしまった。ほかの家族は、庭に掘りかけてあった未完成の防空壕が使いものになるかどうか、確かめていたらしいんです。そのあと探しても私たち二人がいない。どこかへ行ったとしか思えないので、やむをえず私たちと同じように東の方へ逃げた。それで西川へ行って、西川につかって空襲をやり過ごした、ということでした。

では、西川につかっていれば安全だったかというと、西川でもたくさんの人が死にました。というのも、一旦川に入ってしまうと逃げようがなくなってしまいますから、焼夷弾の直撃を食らってしまう人もいた。

それから風洞《ふうどう》です。周りが燃えて炎が渦巻きのように走るんです。それが恐ろしかったと兄が言っておりました。

家族との再会

川のことで申しますと、いまの岡山の西川緑道公園は、全国に先がけて水辺空間を生かした親水公園として有名な場所になっています。あの緑道公園は、じつは戦争と深い関係があるんです。空襲が全国の都市に広がりはじめたころに、西川の両岸で強制疎開が行われたからです。

強制疎開というのは、空襲のときの燃え広がり、延焼を防ぐための幅広い防火帯を作るために、住んでいる人の意向を無視して、有無を言わせず建物を強制的に取り壊して道を広げることです。それはひどいことには違いないですが、そのおかげで、いまは緑道公園になり得たのです。強制疎開以前は、西川には人家がかなり迫っていて、そのままだったらいまのような空間はなかなか確保できなかったでしょうね。

しかも、そうやって西川の周りが広がっていたがために、私の家族だけではなく、たくさんの人がみんなそこに避難したわけです。ですから、もし強制疎開されていなかったら、西川に行っても逃げ場がなくて、もっと悲惨なことになっていた可能性も十分あったわけです。

それで、西川で一夜を過ごした家族たち——姉一人と兄二人、それから母親——ですが、兄たちは焼け跡をまわって、私とすぐ上の姉の死体を探し歩いたそうです。その次の日に、いろんな伝手《つて》があって、家族が全員顔を合わせることができました。父親はずっと岡山一中にいましたから、空襲当日、私たち二人も一中に行ってみるべきだったのだと思います。

ついでに言いますけれど、家族との再会は、それは全然劇的ではないんです。いまのテレビドラマだったら、——私の名前は勲と言いますが、母親が「勲!」って呼びながら手を差し伸べ、こちらも「お母ちゃん!」とか言いながら駆け寄って劇的な抱き合いが起こるわけですよね。

でも、そんなことはまったく起こらなかった。何となくウロウロにやにやして近づいて、いつの間にか日常に戻る。この、どこか情けない情景はもう、私にとっては忘れられないですよ。

それで、『アルプスの少女ハイジ』という作品をつくったとき、フランクフルトからハイジが山のおじいさんのところに戻ってくるシーンで、思いっきりその懐に飛び込ませた——子供のころにこんなことができたらどんなによかったろうか、なんて思って。

私はそういうことでいつも、心のままに振る舞えず、劇的でなかった自分の体験を思い起こさざるを得ませんでしたね。

それにしても、いまの映画やテレビドラマは嘘をつき過ぎですね。戦前を描いた作品でも、みんなハグしているじゃないですか。あんなことしないですよ。握手もしないんですから。そのころの日本の挨拶というのは、ちゃんと距離を取ってお辞儀をするだけですからね。公的な場だけでなく、日常でも、日本人がどんなに身体的に硬直していたかは、終戦直後につくられた小津安二郎の『風の中の牝鶏』を見るべきです。

でも、いまやみなさんハグしますよね。いいことですね。「鶴瓶の家族に乾杯」というテレビ番組など見ていると、中年のおばさんたちが鶴瓶とハグしたがってて、面白いですよね。日本がすっかり変わっちゃったんです。でも、いいほうにね。

というようなことをいま、僕は七九歳ですけれど感じています。

生き延びることのできた奇跡

あの空襲当日の話はこれですべて——まことに申し訳ないですが、精一杯話したところでこれ以上詳しくはできないんです。最初に申しましたとおり、それほどの体験ではなかったと思われた方もいらっしゃるでしょうが、しかし、自分にとっては九死に一生を得たと思っています。たとえば、防空壕に入っていたらダメだったし、焼夷弾の直撃などで命を落としたかもしれませんし、最後はまわりが火の海で、進退きわまったんですから、さまざまな幸運が重なって生き延びたのです。

しかも、自分たちの逃げ方をいま調べてみますと——インターネットで昔の地図上に岡山空襲で消失した地帯が示されていたんですが、それを見てみますと、一番悪い逃げ方をしたことが分かります。どんどん燃えていくところへと逃げていたんです。

アメリカはまず周りを焼いて、内側へ人びとを追い込んでおいてから中心部を焼いた。卑劣ですね。だからこうなったので、郊外へ出ていればもう少し楽だったかもしれません。

姉はお尻に破片を受けて大変な目に遭いましたが、じつは私も裸足だったのでガラスの破片などが足の裏に刺さってひどかったんです。九歳の四年生にしては幼すぎるかもしれませんが、パジャマで表へ飛び出したまま裸足で逃げたのです。道路のアスファルトが熱で溶けて軟らかくなってネバネバして、それで熱い。熱いだけではなくて、ガラスの破片が散っていて、その細かい

姉・菅原五十鈴が描いた絵「岡山の空襲」(2011 年，油絵)

破片がいっぱい刺さった。

空襲で逃げ回っていたときは痛いも何もまったく分からなかったんですけれど、ガラス片のまわりから、膿み始めました。昔は抗生物質なんてありませんでしたから十分に膿んで、それをつぶして直すという方法しかなかったんですけれど、足の裏ですから大変だったんです。そういうこともありました。

民主主義教育一期生としての戦後体験

田舎での懐かしい体験

空襲のあとのことをお話ししますと、私たち七人家族はまず一中の先生を頼って大多羅《おおだら》という田舎で間借りし、そのあと、こちらもいまは岡山市に編入されていて、新幹線が山際をかすめる、西花尻《にしはなじり》というところで農家の二階を貸してもらって暮らしました。そこで八月一五日を迎えます。

玉音放送は農家のラジオで聞きました。上の兄や姉は号泣しました。私は幼稚だったのでしょう、これからどうなるのか想像できなくて、何がなんだか分からず、特別の感慨はありませんでした。ただ、つらそうな顔をしていなければならないことらしい、とは思いました。いま考えると、恥ずかしく情けない話ですね。

それから岡山に戻るまでどれくらいの期間、そこにいたのか覚えていないのですけれど、その間に体験した農村生活は私にとって新鮮で、いろんな意味で非常によかったんです。

たとえば、そのころは草履《ぞうり》を履いていました。その草履を、自分でも藁を編んで作る。いまは作れるかどうかちょっと怪しいですけれど。それで、雨が降ると草履がぐちゃぐちゃになってしまってもったいないので、雨の日はみんな裸足で学校に通う。学校は田んぼの中にあって、もちろん道は舗装されていませんでした。

当時は食糧難で、農家でない人も山の上でサツマイモを作っていました。親から、そこへ行ってイモのツルをもらってこいと言われるんです。ツルといっても「芋づる式に」などと使う本当の蔓《つる》ではなくて、サツマイモの葉っぱがついている茎ですね、葉柄かもしれませんが、それをワラビのように煮付けて食べたんです。これは美味しかった。

ツルをもらいに行きますと、子供心に、ツルだけじゃなくてイモも一つか二つぐらいくれるんじゃないかなと期待してしまうんです。でも全然くれなかったですね。だからといって、それがひどいことだと思ったわけじゃありません。

ガキ大将がいて、遠足の時、みんなの弁当をあさるんです。私のは小麦のフスマ、小麦を粉に挽いたあとの赤い皮まじりのカスを炒めて固めたものだったのですが、それを差し出したら、「こんなもん食っているのか」とあきれて、取らずに去っていきました。いま考えてもひどい食べ物ですが、これが案外美味しかったんです。

ついでながら、私は大人になってから最近まで、サツマイモはほとんど食べませんでした。子供のときまずいのを食べすぎたので。

それから、間借りしていた農家のおじいさんが亡くなってお葬式をやりました。遺体を棺桶に入れて、集落のはずれまで葬列を組み、そこで焼くんです。『火垂るの墓』でも同じようなシーンがあって、行李《こうり》に妹の遺体を入れて炭に火をつけて焼く。豆殻で燃やせばうまく火が着くといったことが原作に書かれているんですが、そのおじいさんの場合も、穴を掘って薪《まき》の上にお棺をのせて露天で焼くんです。それで、焼いている途中で棺桶がガタッと動いた。もう怖くてですね、逃げ帰りました。

それからある夜、寝ぼけて、階段の上から真っ逆さまに墜落して頭を打ちました。気がついたらリヤカーで病院に運ばれている途中でした。大したことにはならなかったのですが、以後、なんだか、少し勉強ができるようになったような気がするんです。

岡山の学校に戻って

そのあと岡山の学校に戻るんですが、戻ったあともいろいろありました。

岡山駅前広場で偶然、変わった帽子をかぶりスカートをはいた男たちがヘンな楽器の伴奏で分列行進するのを目撃したんです。驚きました。それはスコットランド兵で、楽器はバグパイプでした。私はそれで初めて、日本が負けた相手はアメリカ合衆国だけでなく、連合国なのだな、ということを意識したのです。

進駐軍、と占領軍のことを言っておりましたが、私は進駐軍の兵士に向かって「ギブミーチョコレート」とやったことはありません。彼らはジープでダーッと校庭に乗り付けて、チューインガムを噛みながらキャッチボールを始めるのですが、忘れられないのは、そのグラブのしなやかなことと保革油の匂いです。

東山の玉井宮《たまいぐう》(東照宮)までジープが石段を登ったというのを聞いて、やっぱりアメリカはすごい、と思ったものです。

僕が通っていた学校は師範学校の附属国民学校だったんですが、師範学校の学生寮がありました。その寮の焼け残った食堂に仕切りの布を垂らして分割して、教室にしたんです。それで隣の授業なんかは全部筒抜けで……。

寮ですから、焼けてしまって流しだけになった長い洗面台があったんです。そこに腰かけて、授業をやることもありました。いわゆる青空教室です。

そういったこと全部が楽しい思い出です。解放感がありました。

遊びも、みんなが工夫しました。私なんかは工夫の能力はありませんでしたけれど、焼け跡の瓦の断片を使って遊ぶ。立ててある相手の瓦に投げつけて当てたり、足の甲に載せて運んで行ってポンと当てて倒したり、というような一種の石蹴りの対抗戦や、焼けた折れ釘を伸ばして地面に突き立て、そこを線で結んで互いに陣取りをするとか、焼け跡から拾ってきた自転車の赤サビたリムを竹で回す輪回しなんかも流行《はや》ったんですけれど、どれもみんな工夫して遊んでいました。

ところが、だんだん復興が進んでくると、鉄製品が出回ってきて、釘立ても真っさらなピカピカの釘でやるようになるし、輪回しも、立派な鉄の輪っかで出来たものを持ってくるヤツが出てくるんです。本物ですから、カッコいいですね。

あとになってから、こういったいろんな、ないならないなりに工夫するという子供の力ということを考えましたね。

それから冬など、暖を取るために、体を動かす遊びも学校が率先して、いろんな種類の鬼ごっこをやっていました。独楽《こま》を回しながらの鬼ごっこも楽しかったですね。上達するのが嬉しくて……。

そういったことが全部、面白い経験でした。

復興の風景――ご巡幸

天皇の全国ご巡幸というものがありました。天皇が全国を回って視察し激励することで、これが復興に非常に役に立ったのです。なんといってもやはり天皇は人気があったので、戦後、天皇に全国を回らせたら統治がうまくいくのではないかとＧＨＱ（連合国総司令部）は考えて、天皇を利用したわけです。

実際これはとてもうまくいきました。「天皇陛下がおいでになる」ということで、みっともなくないようにまず焼け跡の片づけをしなければならない。まだ子供ですけれど私たちももっこ担ぎをして、きれいに焼け跡の片づけをしました。藁を編んで作ったもっこを天秤棒にかけて、二人で担いでがれきを運ぶんです。

東山の学校なんかに天皇が来るわけがないことくらい、先生たちも分かっていたんです。けれど、「天皇陛下がおいでになる」という大義名分で、片づけろ！ということになるんです。

こういうやり方は、日本は大好きですね。岡山の駅前はとても早く復興しましたけれど、ごたごたの闇市の雰囲気のままだった。これを一気に整備できたのはいつだったでしょうか？　一九六二年の国体ですね。国体が開催されるのに、表玄関たる岡山駅前がこんなのではどうにもならんと、国体をバネにして整備が進んだんです。〝天皇のご巡幸〟がその最初の表れというわけです。

岡山県のご巡幸は一九四七年一二月でしたから、もちろん私たちの校舎はできていました。元の兵営を移築したもので、木造一階建、床にすぐ穴があくようなおんぼろ校舎でした。城跡にあった岡山一中は国宝の天守閣もろとも空襲で全焼したのですが、復興した校舎がご巡幸の視察対象になり、校長室が休息所に当てられました。校長だった父は、ありのままをお見せしなければご巡幸の意味がなくなるのだから、校長室のしつらえも平生通りで、特別の椅子を用意したりする必要はない、と主張して実行しました。でも、ご案内役を務めたことは大変な名誉だったようで、家族にも得意そうに写真を見せました。やはり、明治の男でした。

新しい憲法

そういった戦後の始まりのなか、新憲法ができました。日本国憲法です。

憲法がつくられたときに私にひとつ疑問があったのは、密室でつくられた明治憲法、大日本帝国憲法に対して、日本国憲法はもっと開かれたところでつくられたと教科書に書いてあったのですが、子供ながらに、え、そうなの？ という気がしたんですね。

うちの親とか人びとが憲法について議論しているような姿を見たことはなかったのに、いったいどれくらい議論をしたんだろうか、という感じです。アメリカの押し付けとか、そんなことを知っていたわけではありません。ただ、そのでき方というのが、私たちが新鮮に受け止めてやり始めた〝民主主義〟という感じがしなかったんですね。それは一種の違和感です。

実際には、つくられた憲法そのものはすごくいい憲法だと思ったんです。それは、大人たちもみんなそうでした。戦争中も、戦争が終わったあとも、大変な目に遭ったわけですから、戦争をしない国になるということは、それは本当に、掛け値なしに歓迎したと思います。

ただ、そのあと冷戦が激しくなってたちまち、アメリカは日本に対して警察予備隊をつくれということになりました。それが自衛隊に発展していく。どう考えても自衛隊は戦力ですから、このことによって、憲法九条に示されている「戦力の不保持」というものがいっぺんに空文化されてしまったわけです。

しかし、その自衛隊ができてしまっても、九条のもう一方の柱、国の交戦権は認めない、紛争を戦争によって解決をしてはいけない、ということはつい最近まで厳然と生きてきました。日本占領中から現在に至るまで、アメリカは戦争ばかりしてきたのに、戦争をしないんだという憲法九条のおかげで、日本はそれにあまり巻き込まれないで済んだし、七〇年間、戦争で一人も殺さず、一人も殺されなかったのです。

ディスカッションをする

非常に印象に残っているのは、もちろんアメリカの真似だと思いますが、中学校になってから、パネルディスカッションというものをやりました。ふたつのグループに分かれて、「米食かパン食か」とか、「再軍備是か非か」とかを議論したんです。

それをやったときに、「戸締まり論」というのは子供にものすごく分かりやすかったわけです。やはり、国にも戸締まりは必要ではないかという流れで、再軍備賛成派が多数になりました。私も、尻馬に乗ってそちらのほうだったと思います。

それで最後には、再軍備反対派はとうとう一人になってしまったんです。その彼が絶対に再軍備してはならない、というのです。でも、理由を滔々《とうとう》と述べたりはできない。

彼の父親は薬局をやっていて、社会党の市会議員でした。理由を整然とは言えなかったけれども、とにかく絶対に再軍備はいけないと一生懸命頑張った。それがとても印象的で、ずっとあとまで覚えていました。一〇年くらい前にその本人に、こんなことがあったねと言うと、彼は全然覚えてなかったですけれども。

民主主義教育第一期生の時代

こんな、是か非かなんてことをクラスでやったりしていた。要するに、先生たちも民主主義の教育というものに一生懸命だったんです。私の父親も東京にＧＨＱの研修に行って、民主主義教育について勉強したりしていました。だって、それまで軍国主義教育をやっていた人がですよ、今度は手のひらを返したように正反対のことを子供に教育しなければならないわけです。

敗戦直後、アメリカもまだ入ってこないある時期を呆然と過ごしたうえ、そしてそのあとアメリカが入ってきて、民主主義教育をやらなければならない。そのような状態だったわけですから、敗戦時、夏休みという緩衝期間があったことだけでも、先生にとってはとても助かったのではないか。

私らのような子供たちにも、こうしたことは見通せていました。民主主義に関しては、先生と私たちは対等だと思っていました。先生も私らも民主主義を知らないんですから。知らないことに関しては対等です。だから、たくさんの試行錯誤をしました。

ひどいことになったりもしましたが、たとえば、クラスで班編成をするときにどのように班長を選んで班員を決めるかとか、生徒会の選挙などでも公約をつくったり応援演説をやってみたり、学芸会をやるときも台本を――結果的には先生がほとんど書いてましたけど、生徒も先生もみんな一緒になって台本をつくり上げるとか。要するに、〝民主主義教育第一期生〟という感じです。

ずっとあとになって、同窓会で中学校のときの先生に、「先生は民主主義、分かって教えてらしたんですか」と聞いてみたんです。先生の答えは「いやいや、君たちと同じだよ」でした。

そういうことは、いま考えると非常によかったと思います。明るかった。失敗も含めて、自分たち自身がやったという気がしたんです。おそらく、同じ学校教育といっても、そのあとの先生や子供たちは、自分たちが何かをつくり出していくという感じはほとんどしなかっただろうと思います。そういうことでいうと、私たちは非常に幸せだったという気がします。

岡山がはぐくんだ素地

そのほかにも、食べるものに困ったとか、いろんな経験があります。

うちは父親が農家の出身でしたから、山の上に土地を借りて畑を作って、トマトやナスなどの野菜や豆やイモ類を収穫して食べていました。サツマイモのことはさきほどまずかった、と言いましたが、乾燥芋にすると美味しくなるんです。母がサツマイモをふかして薄く切り、筵《むしろ》の上に並べて日光にあてて干し芋を作るんですが、乾燥が待ちきれない。ついこっそり食べる。兄弟が多いから、出来上がらない前につまみぐいでいつの間にかなくなってしまう、というのを何度も繰り返したものです。

だけど、私が子供のときに畑仕事を手伝わされるのは、本当に嫌だったんですよ。嬉しいのは収穫のときだけで、草抜きとかとても大変で嫌でした。兄弟でやった肥《こえ》担ぎとか、山の上ですから坂道を担いでいく間にピシャンとはねて顔にかかったりして、こんな経験は二度としたくないと思ったり。

けれども、あとになったらそうした経験も全部生きるんです。どんな経験も意味があるし、自分が生きていく上での基礎になっていると思っています。

たとえば、戦後、落ち着いてからの私の家は東山のはずれの中腹にあって、裏は孟宗竹《もうそうちく》の林、向かいの山はクヌギなどの雑木林でした。春の新芽から新緑、虫や鳥の夏、そして葉の色づき、落葉、冬枯れと、雑木林の移り変わりを楽しんだことは、東京へ出てきてからコナラ中心の武蔵野の雑木林に親しむことにそのままつながりました。

一昨年（二〇一三年）、「竹取物語」を原作とした『かぐや姫の物語』をつくりましたが、映画のなかで歌ったわらべうた「鳥・虫・けもの・草・木・花」も竹林も、――「竹取物語」の時代、平安時代には、竹とは言ってもそれは孟宗竹ではないんですが、やはり私の原点は岡山の暮らしにあったのだと思います。

とくに岡山の山の姿がどんどん変わっていったことは印象的で、そういう自然環境に大きな関心を持つきっかけになりました。いまから七〇年前は、操山《そうざん》の頂上付近は伐採された草地だったんです。だから山頂の色がまわりと違っていて、伯備線の蒸気機関車、Ｄ51や宇野線のＣ57のコブの形に似ていました。草地のほかは手入れの行き届いた松に覆われた美しい山で、みんなそこで遊んだものです。でも、いまは草地だったところもふくめ、全部雑木になっています。

こういうのは面白いですよ。松はやせ地に生えてくれるありがたい木ですが、化石燃料や肥料の普及とともに、落ち葉かきもせず地面が肥えてくるとほかの木が生えてきて、結局松が負けてしまう。マツクイムシの被害も大きかったでしょうが、手入れをしないで放ってあるうちにまさに雑多な雑木が生えてきたり、竹ヤブになったりしてしまいやすいんですね。京都の嵐山が有名で、いまは紅葉する山ですが、あれはもともと、すべて松の山だったんです。

瀬戸内海の島などもすっかり変わりました。昔に比べたらいまのほうがずっと緑が豊かです。昔ははげ山に近い山ばかりだったのが、放っておかれたために自然に緑が増えてきたんです。日本の自然はもともと恵まれていて、人間が酷使しなければ豊かになる力を持っている土地が多い。

柴も薪も取らず落ち葉もかかないで、要するにいまのように利用しないでいると、植生は回復してくるんです。手入れなしではいい林にはなりませんが。

「昔はよかったけど、いまはひどいことになってるよ」というのは必ずしも当たらないんです。喪失感ばかりかき立てることには賛成できない。日本では人がやる気になれば、自然とのいい付き合いができるんですから、もっときめ細かく見なくては、と思います。

もうひとつ、私は有明海に面した柳川を舞台にした『柳川堀割物語』という文化記録映画をつくりましたが、岡山出身だから、児島湾や笠岡で干潟に親しんだり、干拓事業を見ていたり、大多羅では小舟で用水路に棹さしたり、そんな体験が役に立ったと思います。

戦争を欲しないならば、何をなすべきか

沖縄、七〇年間の平和の裏に

話を空襲の年まで戻しますと、その年（一九四五年）の八月一五日に日本は無条件降伏をし、戦争が終わりました。それから今日までの七〇年間、平和憲法のもと、いまなお「戦後」と呼べる幸せな国です。ただし、私たちが決して忘れてはならないのは、常に犠牲になり続けた沖縄のことです。

沖縄はいまとくに辺野古の問題が注目されていますね。一九四五年六月二三日が一応、公式的に沖縄戦が終わった日とされています。それでつい先日、毎年その日に行われる追悼の式がありました。翁《お》長雄志《ながたけし》沖縄県知事と安倍晋三首相の式典挨拶は、その内容のギャップが歴然としていましたね。

沖縄と日本について振り返ってみますと、戦争が終わって、日本全体がアメリカを中心とする連合国に占領されました。それが一九五二年四月二八日、サンフランシスコ講和条約発効によって日本本土がアメリカから独立します。沖縄はアメリカ軍施政下のままに本土と断絶されました。

そしてその途端にどうなったかと言いますと、日本国中にあった米軍基地が縮小されました。その代わりに沖縄が基地だらけになったんです。そんな状況ですから、沖縄の人びとはそのあとずっと、日本に復帰さえすれば本土と同じように基地がなくなるだろうという期待もあって、一九七二年に本土復帰を果たします。

しかし、沖縄の人びとのその悲願はまた裏切られました。復帰しても相変わらずアメリカの軍事基地があり続けて、そのままとうといまに至っているわけです。この問題を、私たち本土にいる連中が無視していってていいんでしょうか?

沖縄の問題で非常に大きいことは、七〇年間続いている日本の平和というものは、沖縄を犠牲にすることによって可能だったのではないか、ということです。

もちろん、日本国民全体が平和憲法を支持したことは間違いないです。それで、この平和がある。それに当時は、共産党や社会党の勢力を合わせれば、自民党は一強ということではなかったですし、自民党内部にも、あの戦争がどんなにひどかったかということを身に染みて経験している政治家もかなりいて、党是としている憲法改正にもきちんとブレーキを利かせることができていました。

警察予備隊や自衛隊はできたけれども、朝鮮戦争やヴェトナム戦争があっても、この憲法への絶大な国民の支持があって、アメリカの戦争に日本を加担させるようなことは強く反対されたし、避けられてきました。

それだけではありません。平和憲法があって日本の平和が保たれたことは確かなのですが、アメリカは朝鮮戦争もヴェトナム戦争も、日本の特に沖縄を基地にして戦争をしました。アメリカは日本人に米軍の肩代わりをさせたくて仕方がなかったはずです。でもそれはできなかった。日本政府は憲法九条を盾に取って自衛隊をアメリカの戦争に参加させなかったからですが、その代わり、沖縄でアメリカを手厚く手厚くもてなしたんです。世界でこれ以上ないほどです。沖縄はその犠牲になったんです。

アメリカとの関係で、沖縄にこれだけの負担を掛けているということを本土の人間はいま絶対に考えなければならないのではないでしょうか。沖縄の問題について本土の私たちが放っておくのは本当に、沖縄の人たちに申し訳ない。日本の平和というものを全体で思考し、認識しなければいけないのではないかと思います。

「頭で食う人」の時代へ

戦争が終わったあと、いろいろと反省が起こりました。戦争中を生きた人たちの中で、たとえば、詩人や芸術家などもほとんどが戦争に協力していたのです。一番有名なのは高村光太郎という詩人です。しかし、そうした人びとは、なぜ戦争に協力したのでしょうか?

岡山出身の永瀬清子という詩人をご存知でしょうか。県のいろいろ大事な仕事もなさっていた方です。多くの詩人からも尊敬されていて、私も大好きな詩人です。女性の精神的自由や日常の機微をみずみずしく分かりやすい言葉で見事に捉えた詩がすばらしいのですが、やや政治的なことも詩にされました。

永瀬清子さんの最後の詩集『春になればうぐいすと同じに』から、その一節を読んでみます。

いつのまにか一番近い相手を
よろこばせたいのが日本人です（中略）
だから、何で食うかが大切です（中略）
頭で食うのはとても危険です
なぜならもし世の中が変わったら
自分が自分にたよって云うことがついできず
云えば食えず
いつかもすぐれた詩人も詩で食っていたために
政府やまわりをついつい喜ばせ
それで戦争に組したのです

「自分が自分にたよって云う」――詩をよく読まれる方は、数年前に亡くなられた、やはり詩人の茨木のり子さんの「倚《よ》りかからず」という詩を思い出されるかもしれません。

もはや
できあいの思想には倚りかかりたくない
(中略)
もはや
できあいの学問には倚りかかりたくない
もはや
できあいの権威には倚りかかりたくない
ながく生きて
心底学んだのはそれぐらい

素晴らしい詩です。でも、人間はついつい倚りかかってしまう。茨木さんも、これを書いたのは、この覚悟を厳しく問われた戦中ではなく、必ずしも問われないで済んだ戦後でした。

永瀬さんは農業もおやりになって、子供も育てて、詩を書く時間は非常に少なかったけれども、地道な生活をなさっておられました。こうした人びとが多くいたと思うんですが、それがいまでは「頭で食う人」だらけですね。そうした「頭で食う人」が増えて、危険な世の中になってしまったと感じます。

たとえば、有名人がテレビの番組の司会をやる、レポーターになる。番組は人に快いものを提供しようという狙いがはっきりしている。そんなとき、その有名人は出て来た料理を一口味わって、「うーん、僕の口にあわないなあ」とか、話題にする美術品について、「僕はこの人の作品は嫌いなんですよね」などとは決して言いませんよね。そんなことを言う人は局からも視聴者からも嫌われてすぐ降板させられるでしょう。

こんな自由な時代でも、有名人はすでに「和気藹々《あいあい》」の「いいね！」の世界を壊してはならないんです。

大事なのは世間様

金子光晴という詩人がいました。この人は、戦争中、自分の息子を戦地にやりたくないがために、徴兵検査の前に雨に息子を当たらせて肺炎に罹《かか》らせました。それで徴兵逃れをさせた。このことは戦後、少し英雄的に語られたことがあります。

しかし、どうでしょうか、みなさん。自分の隣にそういう人がいたら、平気ですか？　自分の夫や息子が戦争に取られているのに、そうやって利己主義でズルをするヤツがいる。これが許せますか？　これが英雄ですか？

だけど戦後には金子光晴は一種、英雄扱いもされた。そういう風に変わるんです。戦争が終わったばかりで、戦争はこりごりだし、またすぐ戦争があるとは思っていないから、戦争中に勇気があった人――これは一種のスゴイ勇気ですから――を讃えるようになる。光晴はまさに「倚りかからず」の人です。非常に個人主義的な人です。見上げたものです。

しかし、日本人は個人主義ではない。ほとんどの日本人はキリスト教徒ではない。神との関係で自分を規定していないんです。神への畏《おそ》れによって自己の行動を律するのではない。大事なのは世間様とご先祖様です。つまり、周りの人たちに合わせることが大事、世間様やご先祖様に見られていて、世間様やご先祖様に恥ずかしくないことをしたいと日本人は思っているんです。

そして、こういうのはとても危険なんです。たとえば、アメリカと戦争に入ろうとしているところに、日本にはジャズファンなんかがいっぱいいたんです。アメリカ映画が大好きな人がいっぱいいいたんです。そのちょっと前は、「モボ」「モガ」とか言われる「モダンボーイ」「モダンガール」が都会にいっぱいいたんです。

それは、欧米の文化の高さを見て、みんな憧れているという意味です。憧れて実力を感じているから「アメリカと戦争しても勝てっこないよ」と、そうした人びとはもちろん、言っていたわけです。しかし、いったん戦争が始まったら、その人たちはどうしたでしょうか?

まずいことになった、と一瞬思ったかもしれませんが、映画などで取り上げられるような立派で自立した人を例外として、結局ほとんどの人が戦争に賛成して、提灯《ちょうちん》行列にも行く、旗行列にも行くんです。

空気を読む日本人

見上げた利己主義で、跡取り息子の弟には「君死にたまふことなかれ」と歌った与謝野晶子も、一九四二年には軍国の母となって、自分の息子に「大尉となりて　わが四郎　み軍にゆく　たけく戦へ」と励ますのです。

なぜでしょう?　「心ならずも」なのでしょうか。そうではないんですよ。国に強制されたからだといまの人は思うかもしれませんけれど、それは違います。そのときどきの「世間様」が大事だからです。

いったん戦争が始まってしまった以上、負けたら悲惨なことになるのは当然で、そうなると、あとは勝ってもらうしかないじゃないか、と思いはじめるんです。どんなに憧れていても、日本は間違っているから祖国を捨てて欧米に亡命しよう、なんて思わない。異国の人の中で不自由をしのぐより、周りの日本人といっしょになんとか仲良くやっていきたい、そう思うんです。

日本の大勢が戦争を進めていく側に回ったら、自分もそれに同調して、もうこうなったら勝ってもらうしかないじゃないか、というようになるわけです。こんな戦争やったって無駄だし、ダメだし、やるべきではないと言っていた人でも、あるいは「負ける」と思っている人でも、いったん国が戦争に踏み切ってしまったら、それまでの主張は無になるんです。無になって「もう勝ってもらうしかない」になってしまうんです。私にとっては、これが一番怖いことなんです。

このことはこれからも起こるだろうということは、たとえば「空気を読む」という言葉がありますね。いま若い人がよく使いますが、それが私には驚きというか、がっかりというか。昔となんにも変わっていないじゃないか、と思いました。新しい言葉でもなんでもない。この「空気を読め」ということは、「場違いなことをするな、言うな」ということです。だからたとえば、みんなが戦争に流されているときに、「これはおかしいんじゃないか」と言わない、ということなんですよ。

憲法を守るということ

「和をもって貴しとなす」というのは素晴らしいし、うまく機能する場合にはうまく機能します。だけど、ものすごく危険なんです。大勢がこうなっているんだから言わないほうがいいと。

いまの安倍晋三政権でもそういう人が多いですね。「いまはそういう流れだ」――「流れ」っていうのが日本人は大好きですから。空気がそうなっているからそれに与《くみ》しようと思っている。「空気を変えよう」とは絶対に思わない。

典型的な例を言いますけれど、少し前に、公共の施設を、憲法九条を守ろうといった議論をする会には貸さないと言い出した自治体がありましたね。要するに、意見が割れていることに関係する団体には貸さないというんです。これはとてもおかしなことです。

憲法を守る、護憲は、公務員に課せられた義務です。たとえどんなに憲法に反対の意見を個人的に持っていたとしても、いまある憲法を公務員は守る側に立たなくてはいけない。それが公務員というものの立場ですし、法律というものです。それなのに、そうした義務を差し置いてまず、空気を読んで、流れを見て判断する。空恐ろしいことです。

この憲法を守る立場ということで申し上げますと、いまの天皇は、二〇一三年一二月の誕生日の会見では、人生で特に印象に残ることとして先の戦争(第二次世界大戦)を挙げて、「日本は平和と民主主義を守るべき大切なものとして、日本国憲法をつくり、様々な改革を行って、今日の日本を築きました」と言いました。つまり、天皇は明確に護憲派なんです。憲法を守る、それを当然の義務としているんです。

天皇は憲法にもとづいてたくさんの公務をなされ、いろいろなところに行かれて人々を励ましていますよね。本当に感心します。憲法の規定に従っているという以上に、憲法の理念にもとづいてやってらっしゃるとしか思えませんね。

いまの天皇と美智子さん夫妻、好きな人が多いと思いますが、なぜ好きなのでしょうか？　それは、夫妻が平和愛好家で、文化を重んじ、私たちとほとんど同世代で共感するところが多いからです。夫妻も私たちも、戦後民主主義の子なんです。

私も、あなたも、そうなる恐ろしさ

まどみちおさんという非常にすぐれた詩人の方が最近亡くなられました。「ぞうさん」などの童謡はみんなが愛しています。この人も戦争中に、いくつかの戦争協力詩を書いています。

全詩集を出版したときに、自分が恥ずべきことをしたということで、その戦争協力詩も収録しているんです。そしてあとがきに、「読者であった子供たちにお詫びを言おうにも、もう五〇年も経っています。（中略）私のインチキぶりを世にさらすことで私を恕《ゆる》していただこうと考えました」と書いたんです。

こういうことをちゃんとやる人は本当に良心的で見上げた人ですし、実に素晴らしい詩人だし、私も大好きで、偉い人だと尊敬しています。

しかし実際に、その戦争中に書かれた詩を読む限りではあきらかに、当局から圧力がかかって良心的に振る舞おうと思ったけど振る舞えなかった、というようなことではなかったことが分かります。どういう詩か。「はるかな　こだま」という詩の一節では、「今こそ君らも／君らの敵にむかえ／石にかじりついても／その敵をうちたおせ」と子どもたちに向かって呼びかけています。

そのあとご存命のときにまた二編、戦争協力詩が見つかったんです。そのひとつを読んでみます。「妻」という詩です。

この戦争は
石に齧りついても勝たなければならないのだよといへば
お前は　しずかに
私のかほを見まもり
ふかい信頼のまなざしで
うなづきかへす

途中を省きますが、締めくくりは次のようです。

お前はうなづきかへす——

夫婦よりも
夫婦よりも
更にたかい血のふるさとにおいての
ああ
味方を　味方を得たやうに

「更にたかい血のふるさと」というのが何を意味するのか、お分かりと思います。そしてこの詩とセットの散文で、台湾在住のまどさんは「小供(こども)たちを放つておいて、なんの皇民化であらうか」と書いています。大事なのは、こういう詩が強制的に書かされたのだとか、心ならずも書いたのだとか、そういうことではまったくなくて、やっぱりそのときは、まどさんも心で思っていたそのとおりのことを詩に書いたに違いないんです。これが恐ろしさなんです。

まどさんは朝日新聞の記者に、「私は臆病な人間です。また戦争が起こったら、同じ失敗を繰り返す気がします。決して大きなことなど言えぬ、弱い人間なんだという目で、自分をいつも見ていたい」と語っています。

この会場にいるほとんどの方も、私も、いったん戦争が始まってしまったならば、「始めた以上は勝たなくては話にならんだろう」と言って、おそらく政府の戦争に協力するようになるんです。そういう人が圧倒的多数となるのではないかという、この恐ろしさ……。戦争や政治の方向性が間違っていようが何だろうが、そんなことは関係なくなるんです。

日本人は「撃って一丸」ということが大好きですね。日の丸を立てて何かやるのが大好き。たとえばオリンピックなんて大好きで、アナウンスなどもまったく客観性を欠いていますね。みんなが一斉にガンガン、日本を応援し始めるんです。

一番印象的だったのは、北京オリンピックで野球の決勝戦のとき、もう負けが明らかな情勢なんです。だけどそれでも、「ここで絶対負けるわけにはいきません！」とアナウンサーが絶叫しました。これ、アナウンスではないでしょう、単なる心意気の表明です。そして「負けるわけにはいきません」と言ったとたんに負けが決まりました。

こういうことを繰り返しています。

冷静でないことが必要とされるとき

戦争中もまったく同じでした。「撃ちてし止やまん」「本土決戦」「進め一億火の玉だ」「神風が吹く」「最後の一兵まで戦い抜く」「一億玉砕」……。みんな死んでしまっても、国民がいなくなっても、大日本帝国は残るのでしょうか。

まったくナンセンスだと感じる若い人はいっぱいいると思いますけれど、若い人たちだろうが歳を取っていようが、こういったたぐいのことは、ナンセンスをナンセンスと判断するかどうかの次元ではなくなるんです。一大ファンタジーにのめりこむかどうかなのです。冷静でないことが必要とされるのです。

「もう勝ってもらうしか仕方ない」「一億総蹶起《けっき》してこれを乗り越えるしかない」「負けるにしても玉砕するしかない」といった心情になってしまう。たしかに、あの「生きて虜囚の辱《はずかしめ》を受けず」の戦陣訓が持っていた、すごく大きな拘束力といったものはありました。

だけど怖いのは、自らそこに飛び込んでいく、入り込んでいくというその心情、そういったものを日本人は、私たちは持っているんです。たとえ愚劣な戦略、愚劣な戦術によって戦争が遂行されていたとしても、そこは見ない。何がなんでも勝たねばならない、負けるわけにはいかない。

こうした精神がこれからも、またあらためて戦争の時代が来たときに、もっとも恐ろしい効果を発揮することになると思うんです。それは、私らは民主主義の第一期生でしたが、第六五期生くらいのいまの人たちについても全然変わっていないのではないでしょうか。

私が与謝野晶子や永瀬さんや茨木さんやまどさんの詩を引用して言いたかったのは、そこに挙げられた晶子や光太郎やまどさんを批判するためではなくて、私たちもおそらく彼らと同じではないか、という恐れをみなさんと共有したいからなのです。一旦戦争などの事態に突入したら、「自分が自分にたよ」ることができず、つい大勢に従い、「倚りかか」って流されてしまうのではないか、という恐怖。それを深く自覚・自戒したいからなのです。

日本の民主主義のありさま

民主主義教育を受けたはずなのに、私たち日本人は、西洋流の個人主義的な、周りが反対であろうと、一人ひとりが自立して考え、ちゃんと意見を述べたうえで、議論をして深めていく、ということは全然できていません。戦後これだけの時間が経っても、民主主義が身についていない。アメリカより悪いと思います。戦争ばかりやっているアメリカは最低の本当にひどい国だと私は思いますけれど、しかし、にもかかわらず、あの国は立ち直る可能性があるかもしれない。なぜなら、反対勢力というものがつねに存在していますから。

だけど日本の場合、反対勢力というものを一掃しようとするんですね。これは江戸時代の村八分がそうです。日本の民主主義は一種の村の寄合《よりあい》に過ぎません。寄合というのは全員一致主義です。ですが、理を尽くした説得をするわけでも、本当の議論を尽くすわけでもありません。最終的に「空気を読」ませて全員一致に持ち込むんです。どうしてもダメな場合は、村八分です。反対派を追い出して、いないことにするわけです。いなければ全員一致になる。

こういう日本人の体質がいま、多数決による議会でもあらわになっています。理を尽くした説得も本当の議論もないまま、見かけの審議だけで、反対派は「いないことに」して議決してしまう。

私たちは、本当の民主主義、本当の議論というものを身につけるように頑張らなくてはいけないと思いますし、難民問題への対応など、国際社会の一員として、自分たち以外の人々、仲間内とはいえない人々、異質な宗教や習慣で生きている人々とうまく付き合っていくためにも、私たちの体質改善が絶対必要の急務です。しかしそれは体質の問題だからこそ、簡単ではない。

転換期にあるいま

私が生きてきた限り、日本はいま、戦後七〇年にして大きな転換期を迎えています。それは、政府が言うように、「世界の状況が厳しくなって安全保障環境が根本的に変わった」からではありません。

それに関して言えば、アフガニスタンやイラク戦争でアメリカがパンドラの箱を開けてしまった中東はいざ知らず、極東では基本の情勢は変わっていないと思うんです。中国が何をしようが、戦争はそんなに簡単にできることではありません。それはみんなよくご存じだと思います。

たとえば、尖閣諸島が不安定要因に挙げられていますけれども、しかし尖閣諸島は人が住んでいないところです。ですから、もし万が一、最悪、偶発的な衝突が起こるとしても、それは一種の国境紛争に過ぎません。国境紛争というのはこれまでにも中国・ソ連、インド・パキスタンあるいは中国・ヴェトナムとか、いろんなところでたくさんありました。それで必ず、小競り合いで終わる。それを口実に始めようとするのでない限り、絶対に全面戦争にはなりません。

それで、その小競り合いのために原爆が必要でしょうか。いりませんね。すごい大きなミサイルが必要でしょうか。いらないですね。だから、そういうものは脅しにもならないし、抑止力にもならないと思います。

要するに、小競り合いをやっているうちに、どこかで妥協点を見つけざるを得ないような、局地戦に過ぎないんです。そうした局地戦であってももちろん、起こらないようにしないといけませんけれど、たとえ起こったとしても、すごい軍備だとか、すごい同盟だとかが必要といった、そんな類《たぐい》の問題ではない、というのが私の理解です。

尖閣諸島とか南沙諸島とかを不安定要素だといって煽《あお》り立てるようなことがいろいろ言われていますけれども、でも、中国も大きな国内問題を抱えて、経済的にもアメリカや日本との大きな貿易をやっているわけで、そういった関係にあるものが簡単に理性を失うとは思えません。

むしろ、一般論として、もし理性を失う危険性があるとするならば、それはわれわれ日本人である可能性が強い。ある時点で日本が理性を失って突っ走り始めるということは歴史上、実証済みですが、そういう意味で日本が大きな転換点を迎えているのではないか。

「ずるずる体質」の問題

いまの政府は、安全保障環境が根本的に変わったからということで、解釈改憲を行い、憲法九条とその精神を投げ捨てて、普通の国になり戦争のできる国になって、切れ目なく防衛ができるようにしたいらしい。まわりが変わったからと言って脅し、これだけ限定をつけてるんだからと安心させ、しかも柔軟に臨機応変に対処するんだから心配ないと言っています。そんなことは為政者は誰でも言うんですよ。

けれどもそれは日本の場合、大抵成功していない。それを「ずるずる体質」と僕は言っているんですけれど、反対勢力がないし、決断をもって次に移る、あるいは局面を正しいほうに変える、ということができない。それをどれだけ見てきたか。いわゆる〝大東亜戦争〟を始めるときもそうだった。そのあと負け始めてからもそうだった。

追い詰められて追い詰められて、それでもまだ、まったく読み違えてソ連に仲介を頼んだり、バカなことをして、とにかくずるずる、ずるずる、岡山を含め日本の都市という都市が焼土と化し、どうしていいか分からないうちに結局、原爆投下・ソ連参戦という最悪の事態になってあの戦争は終わるんです。驚くべき惨禍を国民にもたらして。

この「ずるずる体質」というのはじつはずっと続いていまして、最近の例で言うとバブル経済がそうみたいですね。日銀の中にいた人は、このままではダメだということは分かっていたらしいんです。しかし、どうにもならなかった。ずるずると破綻するまで変えられなかった。それから、福島第一原発の事故のあとの処理の仕方にもそれを感じるんです。

責任を取らない体質

政府が日本を戦争できる国にしたとして、その「ずるずる体質」があったら、抜き差しならないところへずるずる行ってしまう気がするんです。この「ずるずる体質」と表裏一体なのは「責任を取らない体質」です。「責任を取らない」のは最近の福島の原発事故の場合でもそうですね。

アジア太平洋戦争の終わり、ポツダム宣言を受諾して、日本は連合軍側に裁かれます、戦犯として。極東国際軍事裁判(東京裁判)は戦勝国が一方的に裁いたもので承服できないという人がいますし、そういう側面があることは認めます。だけど、では、その人はいまもあの戦争に負けた日本が正しかったと思っているんでしょうか。

あれは道を誤ったとしか言えないはずですよね。だって完敗したんですから。「万世一系」の「神聖ニシテ侵スヘカラス」とされていた天皇がですね、象徴になったんですから。国体の護持は——どのくらいを国体の護持というのか分かりませんけど、少なくともいまの天皇の状態を望んでなかったわけで、あの戦争で国民に多大な犠牲を負わせ、なおかつ、大日本帝国が正しいなら、その帝国を崩壊させてしまった責任というものは当時の為政者にあるわけです。

その責任を、為政者はみずから取ったでしょうか。そして日本国民は国民として、一度でも追及したことがあったでしょうか。全くしてないですよね。他者が裁いた東京裁判だけです。そして戦争責任者の一人、岸信介――いまの安倍首相の母方の祖父ですね、その岸さんが出獄し、公職追放が解除され、あっという間に首相になったんですから。それで誰も文句を言わない。大体、日本人はそうやって責任を取らないんです。戦争中もそうだったみたいですね。大本営であろうが、参謀本部であろうが、失敗した偉い人は、和をもって貴しとなすとばかりに偉い人同士でかばい合って責任を取らせなかった。下の人に責任を取らせたりしました。

歴史を見てもそんなことになっているから、日本が「戦争のできる国」になったとして、戦略・戦術で失敗しても責任を取らないとなると、悪い方へとずるずる行ってしまう危険性が大変高いと私は思うんです。

たとえいまの偉い人が、昔の人のようにバカではないからそんなことにはならないと賢そうな顔でおっしゃったとしても、何の保証もありませんよね。それに、その人もある時点で引退するんですから、次々と出てくる首相なり政府なりが、戦前の為政者とはくらべものにならないほど聡明で機敏に臨機応変にですね、いろいろ対処してくれるんでしょうか。

能力のない人も出てくるに決まっているし、そうした場合にどうなるかというと、日本がずーっとやってきた「ずるずる体質」や「責任を取らない体質」が続いていく危険性がある。そうしたらもう歯止めがかかりません。

だから日本には絶対的な歯止めが必要なんです。絶対的な歯止めは何か。もちろん、憲法九条しかありません。

「平和を繕う」ために

ここで、少し気恥ずかしいですが、フランス語の言葉をご紹介します。

"Si tu veux la paix, prépare la guerre." 英語にすると、

"If you want peace, prepare for war." ――「君が平和を欲するならば、備えよ戦争に」あるいは「準備せよ、戦争を」という警句です。古代ローマ時代にできて、ずっと伝わってきた言葉のようです。この思想に基づいて、西洋近代では列強が軍備を増強していくわけです。

日本のいまの首相がやろうとしているのは、憲法九条の精神に代えて、この古臭い警句を相変わらず、国民に信じ込ませようとすることです。「積極的平和主義」と言っていますね。「平和のためにこそ、戦争に備えましょう、準備しましょう」と。

ところが、いまから六〇年以上前、第二次世界大戦以後の世界がこの警句どおり、再び戦争に向かって動き出していたとき、一種の言葉遊び、ダジャレで警句を見事にひっくり返した人がいたのです。『天井桟敷の人々』という映画の脚本や、「枯葉」というシャンソンを書いた、二〇世

紀フランス最大の民衆詩人、ジャック・プレヴェールです。

“Si tu ne veux pas la guerre, répare la paix.”英語にすると、“If you don't want war, repair peace.”──「君が戦争を欲しないならば、修繕せよ、平和を」あるいは「繕え、平和を」。フランス語でも英語でも、プリペアとリペア、元の警句と新たな警句はきちんと韻を踏んでいます。

プレヴェールがこう呼びかけたのは、南仏での大きな反戦集会に集まった若者たちにでした。当時フランスはヴェトナムなどの独立を阻止しようとインドシナで戦争をしていました。東西の冷戦は激化し、米ソの核兵器開発競争が進み、西ドイツの再軍備が日程にのぼっていました。

プレヴェールは言います。「踊れ、すべての国の若者よ。踊れ、踊れ、平和とともに。平和はとても美しく、とても脆《もろ》い。やつらは彼女を──「平和」は女性名詞なので女性扱いなのです──背中から撃つ。だが平和の腰はしゃんとする、きみらが彼女を腕に抱いてやれば」。

そして詩の最後をこう締めくくります。──「もしもきみらが戦争を欲しないならば、繕え、平和を」。

どうやって綻《ほころ》びかけた平和を繕うことができるでしょうか？　平和を保つこと、戦争をしないことのためには、一にも二にも国際親善の発展と外交努力が必須です。アメリカに追随してばかりでは外交能力は向上しません。日本は、自前の外交をやる能力をもっともっとつけなくてはなりません。

言っておきたいこと

最後に、今日お話しいたしましたことを、事前にまとめておきましたので、それをここで読み上げさせていただきます。

憲法九条を基盤にした賢明でしたたかな外交努力、平和的国際貢献こそが最大の抑止力であり、世界の全ての国との相互理解を前進させるのが日本の唯一の道です。七〇年間、戦闘で一人も殺さず、殺されず、いまもなお戦後といえることがどんなに幸せなことか。この平和をさらに強固なものとするために、私たちは改めて日本国は、憲法によって戦争をしない国、戦争することの出来ない国であることを誇り高く内外に宣言すべきです。

抽象的であいまいな言葉でどんなまやかしの限定をつけようとも、一旦戦争のできる国になれば、どういう運命をたどることになるのか、私たちは歴史に学ばなければなりません。戦争をできるのにしないのは非常に難しく、できると、ついしてしまうことになる危険性が極めて高いのです。

アジア太平洋戦争の開戦や敗戦へのいきさつから、延々たる対米従属、そして、悲惨な原発災害に至るまで、責任を決して明らかにせず、追及せず、ただ、ずるずると押し流されていく、私たちのずるずる体質と空気をすぐ読む驚くべき同調気質とは残念ながらいまも七〇余年前もちっとも変わってないのではないでしょうか。

私は自分も含めこの体質と気質が本当に怖いのです。だから憲法九条は最後の歯止めとして絶対に変えてはならないと思います。九条は、戦後日本国の所信であり、理想であり、それに縛られることこそが、近隣諸国との友好の基礎であり、国際的に日本の地位を安定させる力だからです。

こうした集まりでは、もっと抽象的な意味での平和の尊さとかを述べるべきであったかもしれません。しかし、私は今年(二〇一五年)の一〇月で八〇歳になります。そうしますとやっぱり、たとえば野中広務さんなど、自民党の長老たちも心配しているように、本当に日本がこのまま行っていいのだろうかと考えるんです。だから、平和の重さを語ろうとするときに、具体的な政治についてなんにも言わずに済ますわけにはいかないのです。

そう考えて、まことに僭越ながら、私は私の意見として今日の話を述べさせていただきました。どうもありがとうございました。

高畑 勲

1935-2018年．アニメーション映画監督．東京大学仏文科卒業，1959年東映動画入社，1968年映画『太陽の王子ホルスの大冒険』を初監督．1985年宮崎駿らとスタジオジブリ設立．主な監督・演出作品に，TVシリーズ『アルプスの少女ハイジ』『母をたずねて三千里』『赤毛のアン』，映画『じゃりン子チエ』『火垂るの墓』『おもひでぽろぽろ』『平成狸合戦ぽんぽこ』『ホーホケキョ となりの山田くん』『柳川堀割物語』『かぐや姫の物語』など．プロデューサーとして『風の谷のナウシカ』『天空の城ラピュタ』．著書に，『「話の話」解説』『木を植えた男を読む』(訳著)『十二世紀のアニメーション』『映画を作りながら考えたこと』『漫画映画の志』『一枚の絵から 日本編・海外編』『アニメーション，折にふれて』など．訳書に，ジャック・プレヴェール『ことばたち』『鳥への挨拶』など．

君が戦争を欲しないならば　　岩波ブックレット 942

2015年12月3日 第1刷発行
2024年10月15日 第11刷発行

著 者 高《たか》畑《はた》 勲《いさお》

発行者 坂本政謙

発行所 株式会社 岩波書店
〒101-8002 東京都千代田区一ツ橋2-5-5
電話案内 03-5210-4000 営業部 03-5210-4111
https://www.iwanami.co.jp/booklet/

印刷・製本 法令印刷　装丁 副田高行　表紙イラスト 藤原ヒロコ

ISBN 978-4-00-270942-0　Printed in Japan